# Bilder von Himmel und Erde

*unterwegs notiert*

Dietrich Heyde

# Bilder von Himmel und Erde

*unterwegs notiert*

Wachholtz

Titelbild:
© Shutterstock
Urheber: Milan Kuminowski

ISBN 978-3-529-05355-9
www.wachholtz-verlag.de
© Wachholtz Verlag, Neumünster 2013

# Alles wirkliche Leben ist Begegnung

Martin Buber

Begegnungen sind es, die unser Leben ausmachen. Nicht nur die Begegnung von Mensch zu Mensch, auch die mit einer Landschaft, einem Kunstwerk oder einem Ereignis der Geschichte. Alles kann uns so dialogisch gegenübertreten, dass wir darin „Anrede" vernehmen – auch ein Buch, ein Gedicht oder ein Film. Der Mensch wird zum Menschen durch das, was ihm widerfährt. Er wird „am Du zum Ich", wie Buber sagt. Leben heißt angeredet werden.

Davon erzählen die unter „Reisebilder" zusammengefassten Texte, die aus Tagebuchnotizen hervorgegangen sind. Ausgehend von Beobachtungen, Gesprächen und Ereignissen beschreiben sie Wege und Stationen des Menschen auf der Suche nach Orientierung und sinnerfülltem Leben. „Begegnungen" werden zum kreativen Gleichnis, um in Erfahrung zu bringen: Wer bin ich? Woher komme ich? Wohin gehe ich?

# Inhalt

*Martin Mayer,*
*dem Bildhauer und Freund,*
*in Verehrung und Dankbarkeit.*

# REISEBILDER

„Ich suche allerlanden eine Stadt,
die einen Engel vor der Pforte hat.
Ich trage seinen großen Flügel
gebrochen schwer am Schulterblatt
und in der Stirne seinen Stern als Siegel.“

*Else Lasker-Schüler*

# Der Maler

Die Insel lag unter muschelfarbiger Bewölkung. Später Nachmittag in Goting. Ich fragte, wo er wohne und erhielt die Auskunft: „In einem Wäldchen. Es ist das einzige Haus weit und breit." Man kannte ihn gut, den Maler Gustav Mennicke. Mitte der dreißiger Jahre musste er das Berlin der Nationalsozialisten verlassen und fand Zuflucht auf der Insel Föhr.

Mir schien es wie ein Gleichnis seiner Existenz als Maler – dieses Haus im Wäldchen, nah am Meer. Abgeschieden und fern aller Öffentlichkeit hat er gelebt. Unberührt und gleichgültig gegen den Geist der Zeit, frei und unabhängig von aller Kunst und Gunst der Stunde.

Als ich ihn kennenlernte, war er ein alter, fast neunzigjähriger Mann. Schlicht und bescheiden war das Äußere dieses wie von Jahresringen gezeichneten Mannes. Er führte mich in ein spärlich möbliertes Wohnzimmer und fing an, aus seinem Leben zu erzählen. Aber so farbig und sprühend lebendig er das tat, was mich am meisten an diesem Künstler fesselte, war noch etwas anderes:

Als er nach Föhr kam, hatte er mit dem Malen ganz neu anfangen müssen: „Es dauerte", sagte er, „bis ich diesen Himmel, dieses Meer und diese Handvoll Erde mitten darin erfasst hatte, nein, bis sie mich so durchdrungen hatten, dass ich ein Teil der Landschaft und der Menschen wurde und malte, einfach aus der Farbe heraus malte und das Motiv gestaltete."

Er hielt einen Augenblick inne und fügte dann mit leiser Stimme hinzu, als würde er nur für sich wiederholen, was ihm unverzichtbare Gewissheit war:

„Ich möchte meine eigenen Bilder malen – also nicht malen, was und wie andere schon gemalt haben. Darum fühle ich mich keiner Stilrichtung zugehörig, möchte auch keiner angehören. Auch will ich nicht absichtlich originell sein. Nur darum ist es mir immer zu tun gewesen – den eigenen Farb-Ton zu haben."

Das ist es, dachte ich, worauf es ankommt – den eigenen Ton haben. Ist nicht jedem Menschen aufgegeben, seinen eigenen Ton zu entdecken und ihn unverwechselbar zu leben?

Nicht darum geht es, originell zu sein. Zum eigenen Ton gehört die Absichtslosigkeit, einen eigenen Ton um jeden Preis haben zu wollen. Entdecke aber, was gerade dir aufgetragen und von dir ins Werk zu setzen ist. Es ist nicht noch einmal zu tun, was ein anderer, und sei es das Größte, schon verwirklicht hat. Lass dir Zeit und habe die Geduld, den eigenen Ton in dir reifen zu lassen. Wenn nötig, schwimme gegen den Strom der Zeit. Nur so gewinnst du eigenes Profil.

Dies aber ist die Voraussetzung, zum eigenen Ton zu gelangen: Lerne vorbehaltlos „ja" zu dir selbst zu sagen, so wie du bist. Wage der zu sein, der du vor Gott bist und sein darfst.

Als ich das Haus des Malers verließ, war es draußen dunkel. Der Himmel stand tiefblau und breit wie eine Säule. Im Haus aber war es licht.

# Von der Notwendigkeit
# des Überflüssigen

In dem verträumten dänischen Städtchen Tondern steht am Markt eines der ältesten und schönsten Häuser: „Det Gamle Apotek". Als Patriziervilla 1595 gebaut, war es über Jahrhunderte erst eine Apotheke, dann eine Weinstube. Heute beherbergt es in sechsundvierzig prall gefüllten Räumen eine riesige Auswahl an Geschenkideen und Dekorationsartikeln vom nostalgischen bis zum ganz modernen Stil. Ein Werbeslogan verspricht: „Hier finden Sie Dinge, von denen Sie gar nicht wussten, dass es sie gibt."

Als ich das Haus betrat, teilte sich mir eine ungewöhnliche Stimmung mit. Mir war, als habe jemand ein Gefäß geöffnet, dem ein verlockender Duft entströmt. Der zieht Menschen unwiderstehlich an und macht sie neugierig. In einer Traube von Schaulustigen und Kaufwilligen schob ich mich durch Räume und Etagen und betrachtete die Auslagen und Artikel. Ich war in einer anderen Welt – in der Welt des Überflüssigen.

Was macht nur ihren eigentümlichen Reiz aus?, dachte ich und suchte nach einer Erklärung. Gibt es eine Notwendigkeit des Überflüssigen? Gehört das Überflüssige vielleicht einfach zum Menschen als Menschen?

Ich spürte, dass wir im Leben etwas brauchen, das über den Bereich des Notwendigen hinausgeht. Man kann nicht nur leben von Kühlschränken, Politik und Bilanzen. Die kleinen, unscheinbaren, überflüssigen Dinge gehören notwendig zum Leben dazu. Sie haben etwas Heiteres, Verspieltes, Traumhaftes. Sie verstehen es, dich an längst Vergessenes zu erinnern und holen es in dein Bewusstsein zurück. Sie laden dich ein, innezuhalten und der Muße Raum zu geben. Kurzum: Sie sind ein Signal der Freiheit und können dir, gerade weil sie keinen unmittelbaren Nutzen haben, sondern nur einfach schön sind, zum Zeichen der Selbstachtung und Würde werden.

Die Notwendigkeit des Überflüssigen hat Dietrich Bonhoeffer einmal in dem beziehungsreichen Bild von Weizenfeld und Kornblume so beschrieben:

„Neben dem nährenden Weizenfeld,
welches die Menschen ehrfürchtig bauen und pflegen …
neben dem Acker des täglichen Brotes
lassen die Menschen doch auch die schöne Kornblume blühn.
Keiner hat sie gepflanzt, keiner begossen,
schutzlos wächst sie in Freiheit und in heiterer Zuversicht,
dass man das Leben unter dem weiten Himmel ihr gönne.
Neben dem Nötigen …will auch der Freie leben
und der Sonne entgegen wachsen."[1]

Wie die Kornblume zum Weizenfeld, so gehört das Überflüssige zum Notwendigen. Gib Acht auf die Kornblumen in deinem Leben. Lass das Schöne nicht dem Nützlichen zum Opfer

---

1 Dietrich Bonhoeffer, Widerstand und Ergebung, Siebenstern-Taschenbuch 1, S. 199

fallen. Entdecke die Kultur des Überflüssigen und mit ihr die Freiheit, die dem Notwendigen in deinem Leben Glanz schenkt und Freude.

# Ungemalte Bilder

Von Zeit zu Zeit fahre ich in die „Nolde Stiftung" nach See-büll. Ich muss es tun. Allein schon das flache Land mit so viel Himmel darüber zieht mich an. Und natürlich ist es ein Erlebnis, in wechselnden Ausstellungen die großen Bild-werke des Malers zu sehen und den einst von Ada und Emil Nolde gestalteten Blumengarten zu begehen. Aber der innerste Grund, warum ich immer wieder nach Seebüll fahre, ist noch ein anderer: Es sind die „Ungemalten Bilder" Noldes.

Ihre Komposition und Farbgebung faszinieren mich immer aufs Neue. Sie gehören zu dem Größten seiner Malkunst. Und was mich nicht weniger bewegt, ist die mit diesen Bildern verbundene Geschichte. In besonderer Weise sind sie nämlich mit dem Leben und Geschick des Malers verknüpft.

Es war im August 1941. Nolde befand sich „im schönsten produktiven Malen", wie er selbst sagt, als er einen Brief von der Reichskammer der bildenden Künste erhielt.

14

Darin wurde ihm nicht nur der Verkauf von Bildern untersagt, sondern jegliche Betätigung im Bereich der Kunst. Von der Gestapo überwacht, fügte sich Nolde nach außen hin in das Malverbot. Dennoch arbeitete er insgeheim weiter. Materialknappheit aber und die Furcht, vom Geruch der Ölfarben verraten zu werden, sowie die Angst vor Hausdurchsuchungen drängten ihn ins kleine Format und zum Aquarell.

Unter dem Druck dieser beschämenden Umstände schrieb der damals über siebzigjährige Maler: „Nur Euch, meinen kleinen Blättchen, anvertraue ich mein Leid, meine Qual, meine Verachtung."[2]

Nolde hat unter dem Malverbot sehr gelitten. Doch war es gerade diese Zeit der „verschnürten Hände", die ihn Bilder von größter Qualität und Meisterschaft hervorbringen ließ. An Noldes „Ungemalten Bildern" wird sichtbar, welche kreativen Kräfte im Menschen frei werden, wenn er größten Einschränkungen unterworfen ist.

Zu einem Wegzeichen sind mir darum seine „Ungemalten Bilder" geworden. Sie erzählen von auferlegten Fesseln und atmen zugleich durch und durch die innere Freiheit eines künstlerischen Willens. Durch Leiden wird mehr erreicht, als man denkt. Alle natürliche Fruchtbarkeit scheint hierdurch bedingt zu sein.

---

2 Emil Nolde, Ungemalte Bilder, hrsg. von Tilman Osterwold und Thomas Knubben, Hatje Cantz Verlag 2009, S. 7

Ich habe daraus für mich den Schluss gezogen:

Lass dich von Lasten und Einschränkungen, kommen sie nun von außen oder von innen, nicht einschüchtern. „Verschnürte Hände" haben viele Namen. Worauf es ankommt, ist, dass sie dir zum Besten werden. Georg Christoph Lichtenberg, ein Philosoph der Aufklärung, meint:

„Jeden Augenblick des Lebens, den günstigen wie den ungünstigen, zum bestmöglichen zu machen, darin besteht die Kunst des Lebens und das eigentliche Vorrecht eines vernünftigen Wesens."[3]

# Der Teppich

Es gibt Tage, da wachst du morgens auf, und es ist November in deiner Seele. Du fühlst keinen großen Schmerz, nur Leere. Alles, was dich umgibt, schaut dich schrecklich gelangweilt an. Auch der Himmel jenseits der Wolken bleibt stumm und kalt. Du möchtest am liebsten die Tür hinter dir zumachen, alles zurücklassen und in eine andere, schönere, lichtere Welt eintauchen.

An einem solchen Tag ging ich durch die Straßen eines kleinen Kurortes in der Lüneburger Heide, blieb wie zufällig vor den Auslagen von Antiquitäten stehen und entdeckte

---

3 Georg Christoph Lichtenberg in: Weisheiten deutscher Klassiker, Orbis Verlag 1999, S. 40

einen von Beduinen handgeknüpften Teppich. Mit seinen Farben hatte er eine Ausstrahlung, die mein regennasses Inneres
wie ein Lichtstrahl traf und meine Leere in Neugier verwan-
delte. Ich ging hinein und ließ mich von dem sachkundigen
Antiquitätenhändler in eine andere, mir bis dahin fremde, unbe-
kannte Welt hineinnehmen.

„Der Teppich ist der Schlüssel in die geheimnisvolle Welt
des Orients", sagte der Mann. „Die Muster sind nicht nur Orna-
ment. Sie haben auch symbolische Bedeutung und geben Auf-
schluss über Geschichte, Religion und Kultur eines Stammes,
eines Volkes oder auch einer Familie."

Auf meine Frage, warum diese Teppiche eine so dichte Atmo-
sphäre schaffen und besondere Ausstrahlung haben, meinte er:

„Das hängt wohl damit zusammen, dass mit den Tausen-
den und Abertausenden von Knoten zahllose Gedanken ein-
gewoben sind, glückliche und traurige Ereignisse, Freude und
Entbehrungen, Wünsche und Bitten" und zeigte mir einen alten
Perserteppich; auf dem las ich: „Mit dem Faden der Seele wurde
dieses Werk geknüpft."

Der Antiquitätenhändler wies mich noch auf andere auf-
schlussreiche Einzelheiten der Herstellung von handgeknüpften
Teppichen hin. Eines aber ist mir besonders im Gedächtnis
geblieben, weil es mir den November von der Seele nahm.
Er sagte, dass die anonym bleibenden Teppichknüpfer darauf
achten, dass jeder echte gute Teppich einen Fehler hat. Und
wenn sich im Verlauf des Knüpfens keiner von allein eingestellt

hat, dann wird er am Schluss bewusst gemacht. Denn eine Arbeit ohne Unregelmäßigkeit wird als vermessen angesehen. Vollkommenheit steht nicht den Menschen zu, nur Allah. Er allein ist vollkommen.

In diesem Augenblick fuhr es mir durch Kopf und Herz:

Rührt deine Unzufriedenheit vielleicht daher, dass du an einem Ideal orientiert bist und deine Maßstäbe viel zu hoch und steil sind, dass du notwendig dahinter zurückbleiben musst? Was dich in den Dauerstress treibt und krank macht, sind nicht deine Unvollkommenheiten, Schwächen oder Fehler. Es sind die grenzenlosen Ansprüche, die du an dich und an das Leben stellst. Wo du jedoch um Gott weißt, der allein vollkommen ist, da widerstehst du der Verführung zur todbringenden Vollkommenheit. Da darfst du Fehler machen und sie eingestehen; und erliegst nicht länger deinem heillosen Streben nach Perfektion.

Daran sollen mich fortan die Teppichknüpfer/innen erinnern, dachte ich, und zog meine Straße fröhlich.

## Haus des Lebens

In Schleswig, der Stadt an der Schlei, gibt es eine kleine Fischersiedlung, den Holm. Er war früher einmal vollständig vom Wasser umgeben. Heute ist er mit der Stadt verbunden. Dieser Holm ist wie ein kleiner Organismus. Sein Pulsschlag ist

gemächlich. Wer so wie diese Siedlung in Geschichte und Tradition verwurzelt ist, kann sich auch in hektischer Zeit eine ruhige Gangart leisten und erhalten.

Im Jahre 1650 ist die Holmer Beliebung, eine Totengilde, ins Leben gerufen worden. In Pest- und Sterbenszeiten hatte es unter den Holmern keine Nachbarschaftshilfe gegeben. Auch hatte man die Toten ungern zu Grabe getragen. Um hier Abhilfe zu schaffen, wurde einhellig „beliebet, bewilliget und beschlossen", eine Beliebung aufzurichten. Ihre Mitglieder haben sich verpflichtet, beieinander zu stehen im Leben und im Sterben.

Höhepunkt im Leben der Beliebung und der gesamten Siedlung ist das alljährlich zwei Wochen nach Pfingsten veranstaltete Beliebungsfest mit der traditionellen Totenehrung am Holmer Friedhof.

Was den Holm so ungewöhnlich macht und mich immer neu zum Nachdenken herausfordert, ist dies: Ein Friedhof war und ist bis heute Mittelpunkt und Herz der alten Fischersiedlung. An seinem Eingangstor finden sich die Zeichen von Kreuz, Herz und Anker für „Glaube, Liebe, Hoffnung" – und ein Schmetterling, Symbol der Verwandlung aus dem Tod ins Leben. Von ihm sagt die Dichterin Nelly Sachs: „Welch schönes Jenseits ist in deinen Staub gemalt."[4]

Es gibt viele wichtige Fragen an das Leben. Aber die wichtigste Frage stellt der Tod. Was im Leben dem Tod nicht standhält, ist zu wenig. Dafür gilt – gewogen und zu leicht befunden. Dieser Ort der Stille im Herzen des Holms ist für mich, sooft ich

---

4 Nelly Sachs, Sternverdunkelung, Edition Suhrkamp 51, 1966, S. 157

ihn aufsuche, eine Art Unterbrechung meines Alltags. Er hilft mir innezuhalten und ermutigt mich, mit dem Gedanken an den Tod vertraut zu werden; aber nicht so, dass mein Leben dadurch verdrießlich oder mürrisch wird, sondern im Gegenteil, noch fröhlicher, beweglicher und vor allem gelassener.

Der Friedhof ist so etwas wie das Gedächtnis des Holms. Seine Erde birgt das Geheimnis vergangenen Lebens durch die Jahrhunderte. Dieser Ort, dieses „Haus des Lebens", wie der Friedhof in jüdischer Tradition genannt wird, verbindet Menschen von heute mit denen, die waren, und erinnert an die Zukunft, an Hoffnung und Leben über den Tod hinaus.

# Glück

In der Einladung zu einem 80. Geburtstag auf dem Holm bat der Jubilar die Geladenen, ein Wort, ein Gedicht oder eine kleine Geschichte zum Thema „Glück und Segen" mitzubringen. Bei jeder Geburtstagsfeier, so schrieb er, wünschen wir, einstimmig oder vierstimmig im Kanon, „Viel Glück und viel Segen". Doch was wünschen wir uns da eigentlich? Darüber möchte er sich mit seinen Geburtstagsgästen austauschen. Ich wählte ein Gedicht von Theodor Fontane, das mich seit langem begleitet:

„Leben; wohl dem, dem es spendet
Freude, Kinder, täglich Brot;
Doch das Beste, was es sendet,
Ist das Wissen, das es sendet,
Ist der Ausgang, ist der Tod."[5]

Dieses Gedicht aus der Spätzeit Fontanes fand man in seinem Nachlass. Seit seiner Veröffentlichung hat es die Menschen provoziert. Ein Literaturwissenschaftler zum Beispiel hielt das „sendet" in der vierten Gedichtzeile für die „falsche Lesart" und schlug vor zu lesen:

„Doch das Beste, was es sendet,
Ist das Wissen, dass es *endet*,
Ist der Ausgang, ist der Tod."

Doch gegen diese Lesart hat Thomas Mann vehement protestiert.[6] Er spricht von dem „unmutigen" Gedanken, der Fontane unterstellt – das Beste am Leben sei, dass es einmal ende! Auch mir leuchtet die von der Wissenschaft geforderte pessimistische Tendenz nicht ein. Was aber ist dann gemeint? Wie sollen wir das Gedicht verstehen?

Vielleicht so: Alles Schöne in diesem Leben – Fontane nennt die Grundelemente „Freude, Kinder, täglich Brot" – wird nur durch eines noch überboten: Ein bestimmtes Wissen. Das aber wird uns erst in der Stunde des Todes enthüllt. Worin genau

---

5  Theodor Fontane, Gedichte, Bibliothek SG 1982, S. 78
6  Thomas Mann „Über einen Spruch Fontanes", Vossische Zeitung, 8. Juni 1920

dieses Wissen besteht, sagt der Schriftsteller nicht. Nur, dass uns jenseits der Todeslinie noch eine besondere Erkenntnis oder Einsicht zuteil wird, erklärt er unmissverständlich. Der Apostel Paulus bringt sie im Hohelied der Liebe auf diese Worte:

> „Jetzt sehen wir durch einen Spiegel ein dunkles Bild;
> dann aber von Angesicht zu Angesicht.
> Jetzt erkenne ich stückweise, dann aber werde ich erkennen,
> wie ich erkannt bin."[7]

Jede Erkenntnis in diesem Leben bleibt Stückwerk. Sie kann nur ein Reflex des Wissens sein, das uns im Augenblick des Todes erwartet. Mag dieses Wissen vom Zukünftigen auch unvollkommen sein – es ist als bloßes Wissen schon jetzt nach Fontane das Beste, eben das größte Glück. Wer stirbt, hat viel Neues zu bewältigen. Denn er wird erkennen, wie er erkannt ist.

---

7  1.Korinther 13,12

# Die Arche

Urlaub machen ist für mich so etwas wie am Flutsaum des Meeres entlanggehen und offen sein dafür, was die Wellen des Tages in mir anspülen. Einmal entdeckte ich unter dem „Angespülten" eine „Arche", genauer: einen Zyklus von acht Radierungen des Malers und Graphikers Otto Beckmann. Mit dem Thema „Arche" steht Beckmann in der Tradition der biblischen Geschichte um Noah, die von Untergang und Rettung, von Sintflut und Arche erzählt.[8]

Ein Bild hat mich besonders bewegt: Es zeigt ein Ungetüm von Arche. Ohne Fenster und Türen, nur mit Luken versehen, gleicht sie einem gewaltigen Container oder einem Riesenparkhaus. Du siehst Autos über Autos, die sich in einer langen Schlange – offensichtlich mit Wartezeiten! – in den Bauch dieser Arche hineinschieben. Autos in der Arche, Autos in den Straßen der kleinen Stadt, Autos in den Köpfen und Herzen der Menschen.

Groß ist die Sehnsucht des Menschen nach Rettung und verlässlichem Leben. Dies macht der Maler sichtbar an der überdimensional großen Arche. Was aber wir Menschen dann in die Arche bringen, ist die Banalität des Alltäglichen. Das Auto, Statussymbol unserer Zeit, ist zum Zeichen für eine Gesellschaft geworden, die uneingeschränkt besitz- und konsumorientiert ist und Leben mit Lebensstandard verwechselt.

---

8  1.Mose 6-9

11/60                    Flucht 1                    E. Bahmann 89

Beckmanns Arche hat mich vor die Frage gestellt: Sag, was willst *du* in die Arche des Lebens und Überlebens mitnehmen? Was wäre *dir* unverzichtbar in der zukünftigen Welt? Sind es nur die Lebens-Mittel oder ist es das Leben selbst?

Könnte es nicht sein, dass die Arche des Lebens in dieser Zeit deshalb gigantische Ausmaße angenommen hat, weil wir Menschen zu viel mitnehmen wollen? Wir *haben* zu viel und *sind* zu wenig. Es fehlt der Arche unseres Lebens wörtlich an Leichtigkeit. Darum ist sie nicht in der Lage zu schwimmen. Sie kommt vom Boden der alten Welt einfach nicht los und kann deshalb das Land der Zukunft nicht erreichen. Es dürfte kaum Zufall sein, dass Beckmanns „Arche" Züge der Maß-losigkeit trägt. Sie hat etwas von einem Turmbau zu Babel. Höchst eindrücklich enthüllt sie, was es um das Begehren des menschlichen Herzens ist.

Es sind Flutzeiten. Die Krisen in unserer globalisierten Welt zeigen es. Die Radierung Beckmanns lässt offen, ob die Wasser noch weiter steigen oder sinken. Beides ist möglich. Es liegt an uns, wie es um das Geschick der Arche, die sich „Erde" nennt, in Zukunft bestellt ist, ob sie „rettendes Element" ist oder zum „Sarg" wird. Das etymologische Wörterbuch nennt beide Bedeutungen für „Arche".[9]

---

9  Friedrich Kluge, Etymologisches Wörterbuch der deutschen Sprache, Walter de Gruyter, Berlin 1975, S. 29

Wie auch immer – ich war dankbar, dass die Wellen der Urlaubstage den Zyklus „Arche" an meine Seele gespült haben. Sie haben mir einen Spiegel vorgehalten, der sagt:

Wenn du leben und auf dieser Erde überleben willst, dann musst du leichter werden. Du musst freigeben, loslassen und lernen, die Lebens-Mittel mit anderen, die weniger haben als du, zu teilen.

# Der Rasende Roland

Wie viele andere bin ich auf der Insel Rügen einmal von Putbus nach Göhren mit der Schmalspurbahn gefahren, dem „Rasenden Roland". Während der Fahrt fiel mir auf, wie sorgfältig, ja geradezu liebevoll der Lokführer mit seiner kleinen, alten Lok umging. Ob in Binz, Jagdschloss Granitz, Sellin oder Baabe, an welcher Station der Zug auch hielt, er prüfte den Wasserdruck, schaufelte Kohlen, ölte die Räder – nichts entging seinem aufmerksamen Auge. Es muss, so wild es nach allen Seiten pustete, ein äußerst zufriedenes Dampfen, Pfeifen und Zischen gewesen sein, das die Lok von sich gab.

Dabei schien mir, als wäre etwas von dieser Zufriedenheit auf die Mitreisenden übergegangen. Denn die Gesichter, die ich sah, waren wolkenlos freundlich und gelöst. Dies war umso erstaunlicher, als die Wagen so ganz auf Bequemlichkeit verzich-

ten. Mit nur einfachen Holzbänken ausgestattet, kannst du nämlich das Geräusch ihrer Räder nicht nur hören, sondern auch im
Rücken spüren. Oder sollte es gerade der fehlende Komfort sein,
der die Menschen so heiter und entspannt dreinschauen ließ?

Entschlossen, herauszufinden, was das Reisen mit dem „Rasenden Roland" zu einem so attraktiven Erlebnis werden ließ,
ging ich zur Schaffnerin.

„Darauf kann ich antworten", sagte sie, die sich mit bewun-
dernswerter Geduld der zahllosen Fragen der Reisenden annahm,
während sie die historischen Fahrkarten knipste und dazwischen
noch Zeit fand, auszusteigen, um mit der Hand die Weichen für
den Zug zu stellen. „Es ist die alte Lok. Davor bleiben sie alle
stehen."

Das wird es sein, dachte ich. Loks wie der „Rasende Roland"
mit der Ausstrahlung alter Dampfkutschen gehören eigentlich
ins Museum der Geschichte. Wenn sie aber noch in Betrieb sind,
dann ist es, als wäre längst Vergangenes, Verschwundenes oder
Totgeglaubtes zu neuem Leben erweckt. So etwas möchten die
Menschen kennenlernen, erleben, ja wörtlich – *erfahren*.

Vielleicht aber fliegen dem „Rasenden Roland" noch aus
einem anderen Grund die Herzen zu. Er liegt sozusagen versteckt
im Namen, in der zauberhaften Selbstironie. Denn der „Rasende
Roland" ist alles andere als ein rasender Roland. Er rast ja
gerade nicht, sondern dümpelt, tutet und pfeift so gemächlich
durch die Landschaft Rügens, vorbei an Buchenwäldern,
„Deutschen Alleen" und weiten Kornfeldern mit ihren rot-blau-

weißen Oasen aus Mohn, Kornblumen und Kamille, dass es eine Lust ist.

Einer Zeit, der nichts schnell genug sein kann, ist der kleine mit Kohlen geheizte Dampfkessel gewiss kein ökologisch umweltfreundlicher Musterknabe. Wohl aber ein leuchtendes Beispiel für eine höchst notwendige, heilsame Entschleunigung im Tempo unserer Tage. Der „Rasende Roland", dieses Kleinod der Langsamkeit, ist wie ein Gleichnis, das sagt:

Bedenke das Tempo in deinem Leben! Wer langsam(er) durch die Landschaft seines Lebens fährt, erlebt mehr.

# Wegzeichen

Es ist merkwürdig mit uns Menschen. Wir schenken den Dingen umso größere Aufmerksamkeit, je seltener sie sind. Wenn aber etwas im Überfluss da ist – wie Steine zum Beispiel – dann gehen wir gedankenlos darüber hinweg. Eigentlich schade. Denn allem, was ist, wohnt eine Kraft und Aussage inne, die darauf wartet, von uns entdeckt zu werden. Daran musste ich denken, als ich auf Rügen nahe der Steilküste bei Saßnitz am Ufer entlangging. Es war übersät von Steinen.

Ich weiß nicht, wie viele Steine ich in die Hand nahm, um ihre Farben und Formen zwischen Licht und Wasser auch mit der Haut zu erfassen. Am Ende jedenfalls behielt ich zwei, einen

Feuerstein und einen Donnerkeil. Später las ich, der Feuerstein habe sich vor Jahrmillionen in der Kreide gebildet; und der Donnerkeil sei das versteinerte Schwanzteil von urweltlichen Tintenfischen.

„Gefrorene Zeit"[10] hat eine Dichterin die Steine einmal genannt. Sie sammeln „der Erdenzeiten Stille"[11]. Ihnen ist also die Kraft eigen, all das Vergangene, Zeiten und Geschehnisse, aufzubewahren. Sie bergen das Geheimnis von Jahrmillionen, das Geheimnis der Erinnerung.

Ich hatte plötzlich das Gefühl: Angesichts dieser uralten Steine und all dessen, was sie in sich aufbewahren, wird die Weltgeschichte zu einem Atemzug und der Mensch mit seiner tief sitzenden Neigung, seine Zeit und sein Heute zu überschätzen, wieder heilsam klein und bescheiden. Steine lehren uns die wahre Größenordnung. Steine lehren uns, recht betrachtet, Geduld und Gelassenheit. Schon vor zweitausendsechshundert Jahren empfahl der Prophet Jeremia:

„Richte dir Wegzeichen auf, setze dir Steinmale!"[12]

Und noch etwas ging mir auf, was offensichtlich zur Weisheit der Steine gehört: Sie weisen uns hin auf unser kostbarstes Vermögen. Was das ist? Nein, nicht Geld oder Besitz, nicht Land oder Häuser, nicht dies und das, auch kein Wissen. Dein kostbarstes Vermögen ist das Erinnerungsvermögen. Die Erinnerung, die

---

10  Nelly Sachs, Sternverdunkelung, Edition Suhrkamp 51, 1966, S. 146
11  Nelly Sachs, In den Wohnungen des Todes, a.a.O. S. 92
12  Jeremia 31,21

Vergangenes speichert, wie die Steine das auch tun. Ja mehr noch, die all das Vergangene vergegenwärtigt und für dich lebendig und fruchtbar macht. Denn Erinnerung ist Leben, Zukunft. Sie gibt deinem Tag Tiefe, Bedeutung und Gewicht.

# Der alternde Dichter und das Sonnenlicht

Der alternde Dichter stand in Erwartung der Sonne. Hinter einer niedrigen Wolkenbank ging sie auf."[13] So beginnen die „Sonnen Meditationen" von Gerhart Hauptmann, die er auf der Insel Hiddensee schrieb. Ich hatte sie in meinem Gepäck, als mich die Fähre von Schaprode nach Kloster brachte, wo ich nach Spuren des Dichters suchen wollte.

Juli 1885, im Alter von dreiundzwanzig Jahren, hatte Hauptmann die Insel zum ersten Mal betreten und sich sofort in sie verliebt. Die Steilküste bei Kloster, die tosende Flut und das Schauspiel der Sonne begeisterten ihn und beflügelten seine dichterische Phantasie.

---

13 Gerhart Hauptmann, Sämtliche Werke, Centenar-Ausgabe Band VI, Propyläen Verlag 1962, S. 665 - 686

Noch in der Nacht, heißt es, sei der alternde Dichter aufge-standen und ans Meer gegangen, um am Rande der Felsküste das Aufgehen der Sonne zu erleben.

Hauptmann „zelebrierte" den Sonnenaufgang als „Auferste-hung", als „tägliche Auferstehung aus dem Grabe der Nacht, der Bewusstlosigkeit", wie er schreibt. Und jede neue Sonne war ihm eine „Bewusstseinsbereicherung".

Bei diesen Gedanken und der Überlegung, wie oft einem Achtzigjährigen die Sonne aufgegangen war, überkam den Dichter ein Gefühl tiefer Dankbarkeit. Verwundert und staunend rief er aus: „Und welche Jugend in Gott mit achtzig Jahren!"

Dieses Wort in den „Sonnen Meditationen" hat mir das Alter und das Älterwerden in einem neuen Licht gezeigt.

Doch was bedeutet es? Wie ist es zu verstehen?

Es heißt ja nicht: „Und welche Jugend mit achtzig Jahren." Natürlich ist es großartig, wenn jemand mit achtzig Jahren noch rüstig, unternehmungsfreudig und jung geblieben ist. Aber das ist hier nicht gemeint.

Näher läge es, daran zu denken, dass man auch im Alter seine Jugend präsent haben kann. Hauptmann erklärt selbst an anderer Stelle, dass alles Vergangene in ihm Gegenwart sei. Denn kraft der Erinnerung vermögen wir die bewusste Jugend in uns aufzurufen und uns an ihr zu erfreuen. Doch auch dies ist hier nicht gemeint.

„Welche Jugend in Gott mit achtzig Jahren!" Das Über-
raschende an diesem Satz ist das „in Gott". Damit sind Jugend
und Alter im vollen Sinne nicht mehr an Jahre gebunden. Denn
„in Gott" existiert keine Zeit. Wohl fällt für uns Menschen die
Zeit auseinander in Vergangenheit, Gegenwart und Zukunft,
nicht aber für Gott. Bei Ihm ist alles *Heute*. Alles Vergangene
und Zukünftige ist in Ihm Gegenwart. Wer also „in Gott" ist,
dem teilt sich ein ewiges Heute mit. Und damit ist für ihn sein
Alter wie seine Jugend.

Durch das „in Gott" wird dein Zeitfenster erweitert. Du
schaust über den Horizont der Zeit ins Ewige. Er ist dein Licht.
Deine Sonne. Wo sie dir aufgeht, bricht ein neuer Tag an.

„Welche Jugend in Gott mit achtzig Jahren!"

# Aufbruch

*A*uf Hiddensee hörte ich eine Anekdote über den Cellisten
Pablo Casals. Der übte mit neunzig Jahren noch täglich
fünf Stunden Cello. Als ihn jemand fragte, warum er
das tue in seinem Alter, fünf Stunden, da gab er die Antwort:
„Ich habe das Gefühl, ich mache Fortschritte." Ist es nicht wun-
dervoll, im Alter noch lernen und Fortschritte machen zu dürfen?

Von Abraham weiß die Bibel zu erzählen, dass er mit fünf-
undsiebzig Jahren noch einmal ganz neu angefangen hat und

aufgebrochen ist: „Geh aus deinem Vaterland und von deiner Verwandtschaft und aus deines Vaters Hause in ein Land, das ich dir zeigen will", hatte Gott zu ihm gesagt.[14] Und Abraham wagt es. Auf Gottes Wort hin. Er bricht auf und fängt ganz neu an. Das sollte uns Mut machen. Niemand sage, er sei dafür zu alt.

Woher aber nahm Abraham die Kraft, um aufzubrechen? Warum ist es ihm gelungen?

Nun – „Aufbrechen" setzt voraus, dass ich alles Bisherige entschlossen zurücklasse. Ohne diese Bereitschaft gibt es keinen Aufbruch. Das hat Abraham verstanden.

Aber lernt man das nicht, wenn man „in die Jahre" kommt? Muss man es nicht lernen, ob man will oder nicht? Jeder Übergang von einer Jahreszeit des Lebens zur anderen bedeutet doch ein Zurücklassen, Loslassen und Abschiednehmen von dem, was war. Das wissen wir. Und doch – wie schwer ist es, das auch zu bejahen, wenn im Alter die Kräfte nachlassen und nicht mehr geht, was uns in früheren Jahren so leicht und selbstverständlich von der Hand ging.

Aber eben dies ist mit Zurücklassen und Loslassen in jeder Lebensphase gemeint:

Du musst mit ganzem Herzen „Ja" sagen zu dem, der du *jetzt* bist und zu dem, wie du *jetzt* dran bist. Ja sagen auch zu deinen Einbußen, Schwachheiten und Niederlagen. Denn mit dem, was du jetzt kannst oder nicht mehr kannst – so hat Gott dich gewollt. Und so will Er, dass du aufbrichst. Auch noch im Spätherbst deines Lebens.

---

14  1.Mose 12,1

Wohin aber sollen wir gehen? Wohin aufbrechen? Wie heißt das Land, in das Gott uns führen will? Auf einer Landkarte ist es nicht zu finden. Und ist doch ein Land, in dem Milch und Honig fließen. Überhaupt musst du nicht hierhin oder dorthin reisen. Denn dieses Land ist da, wo du bist. Ich nenne es „Dankbarkeit". Weil Gott im Segen Abrahams jedem Menschen Seine Liebe zugesagt hat – darum ist in diesem „Land" alles ein umfassendes Loben, Danken und Preisen.

Auf gelebte Dankbarkeit kommt es an. Sie gibt dir die innere Kraft, dich zu bejahen, so wie du bist. Sie lässt dich aufbrechen und hinreifen zu dem, der Liebe ist. Eine Liebe, von der dich nichts trennen kann, weder Hohes noch Tiefes, nicht Vergangenes, nicht Zukünftiges, weder Leben noch Tod.[15] Darum danke dem Himmel für alles, was dir widerfährt, auch für das Schwere, das er dir auferlegt. Denn es ist Seine Hand, die gibt und nimmt und am Ende alles in Segen wandelt. Du lebst dein Leben „in wachsenden Ringen" (Rilke), wenn Dankbarkeit dein Herz erfüllt.

Und wisse: Nicht Glücklichsein macht dankbar, sondern Dankbarsein macht glücklich.

---

15 Römer 8,38 f

# Der Windflüchter

Einsam und verloren stehen sie auf Inseln unter einem weiten Himmel. Sie haben von Stürmen geformt bizarre Gestalt angenommen. Ihre Wipfel gleichen einem Schweif, der verrät, woher die Winde kommen, die Tag und Nacht in sie hineinfahren. „Windflüchter" nennen die Insulaner die Bäume, die jedem Wetter trotzen und sich gegen die Übermacht von Himmel und Meer behaupten müssen.

Ein Windflüchter auf der Insel Hiddensee, nah bei Kloster, hat sich mir ins Gedächtnis geschrieben. Alt und knorrig steht er inmitten sanft ansteigender Hügel unweit der Steilküste. Seine Wurzeln sind vom Regen unterspült und heben sich handbreit vom sandigen Boden ab. Kahl ist sein Stamm bis hinauf zur Krone, die der Wind von See ins Land gedreht hat. Nah bei ihm wirft ein Leuchtturm in gleichen Abständen sein Licht übers Meer.

Diesen Baum, eine Kiefer auf dem Dornbusch, habe ich immer wieder aufgesucht, um mich an seinem Bild satt zu sehen und soviel wie möglich von seinem Wesen aufzunehmen.

An einem Spätsommerabend – ich saß im Schatten dieser Kiefer und überließ mich meinen Träumen, während vom Meer her ein silberner Schleier aufstieg, der sich rot färbte, als der Tag hinter dem Horizont verschwand. Da war mir, als würde der Windflüchter – meine Träume erratend – mir zuraunen:

„Du würdest am liebsten auf der Insel bleiben? Nun gut. Aber was sollen die Träume vom ewigen Glück und ungetrübten Seelenfrieden, die du träumst? Glaubst du wirklich, dir wäre ein Leben ohne Stürme und Winde heilsam?

Sieh mich an und erkenne, was mich geformt, mir Wesen und Gestalt gegeben hat! Auch der menschliche Wille braucht Widerstände, um nicht zu erlahmen. Wem kein Wind mehr ins Gesicht bläst, wer keine Hindernisse zu überwinden und nichts Schweres im Leben zu bewältigen hat, – schwinden würde ihm alle innere Dynamik, verloren ginge ihm die Spannkraft seiner Seele."

Der Mensch gleicht einem „Windflüchter", dachte ich, als ich mit Einbruch der Dunkelheit den Dornbusch wieder verließ. Wolkendunkel, Wind und Stürme – sie sind, was wir „Leben" nennen, was dein Wesen formt und dir unverwechselbare Gestalt gibt.

Müssen wir deshalb verzagt sein? Oder kleinmütig in die Zukunft schauen?

Natürlich wissen wir nicht, was der Tag uns bringt und wie uns das Leben mitspielen wird. Dies aber kannst du wissen, dass auch bei uns „Windflüchtern" Einer ist, der dir ganz nah und einem Leuchtturm gleich sein Licht übers Wasser schickt bei Tag und bei Nacht, damit du nicht verloren gehst im Meer der Zeit, sondern deinen Weg findest, Kurs hältst und ans Ziel kommst.

# Strandhafer

*D*ie Verschiebung der Dünen ist ein ernstes Problem", erklärte ein Hiddenseer Fischer, der bestens vertraut war mit Geschichte und Geschick der Ostseeinsel westlich von Rügen.

„Zwar wächst südlich von Neuendorf der Gellen jährlich um fünf Meter", sagte er. „Aber der Wind treibt den Sand von den westlichen Dünen weg, dass Äcker und Wiesen gefährdet sind."

„Und was kann man dagegen tun?" fragte ich.

„Strandhafer anpflanzen", antwortete er. „Die Wurzeln dieser bescheidenen Pflanze, die auch im schlechtesten Sand gedeiht, halten den Sand der Dünen dort fest, wo er ist."

Die Insel ist ein Organismus, der lebt, sich ständig verändert und sich gegen die Naturkräfte behaupten muss. Gleicht diese Handvoll Erde im Meer darin nicht dem Menschen? Kaum Zufall, dass in der hebräischen Sprache „Mensch" und „Erde" (adam und adamah) eng zusammengehören. Mit dem menschlichen Herzen ist es wie mit dem flüchtigen Dünensand: Es ist höchst unbeständig und flatterhaft, heute so und morgen anders gesinnt. Auch das Herz des Menschen, dessen Tiefen unauslotbar sind, bedarf wie der Dünensand notwendig des Halts, um fest und verlässlich, fröhlich und zuversichtlich zu sein.

Wie aber ist mit diesem zappeligen, wunderlichen Ding, das sich „Herz" nennt, umzugehen? Wie bekomme ich ein verlässliches Herz? Die Bibel erzählt einmal von einer Frau mit Namen

Hanna. Die war tief betrübt und traurig, weil sie keine Kinder bekam. Zur Traurigkeit, kinderlos geblieben zu sein, kamen die Kränkungen ihrer Nebenbuhlerin, die viele Kinder hatte. In ihrem Schmerz ging Hanna in das Haus des Herrn, vertraute sich Gott an und schüttete vor ihm ihr Herz aus. Sie wurde nicht enttäuscht. In der Gewissheit, der Himmel habe sie erhört, kam ihr aufgewühltes Herz zur Ruhe.[16]

„Unser Herz ist unruhig, bis es Ruhe findet in dir, Gott", heißt es beim Kirchenvater Augustin. Wir müssen nicht Kardiologen sein, um vom Herzen etwas zu verstehen. Nur eines ist nötig – sich immer neu im Herrn zu stärken und sich von ihm ein neues, verlässliches Herz schenken zu lassen. Dann wird es nicht mehr zittern und flattern, sondern zur Ruhe kommen und fest und beständig sein.

„Es ist ein köstlich Ding, dass das Herz fest werde, welches geschieht durch Gnade", sagt der Apostel.[17] Das flüchtige Erd- reich, der Dünensand, muss sich den Strandhafer gefallen lassen, um nicht vom Wind weggetragen zu werden. Lassen wir uns die Gnade gefallen und sie in unserem Herzen wurzeln, damit es Ruhe findet und Kraft und Mut und Zuversicht.

---

16  1.Samuel 1
17  Hebräer 13,9

# Weiches bricht Hartes

Ein steiniges Ufer am Meer. Wieder und wieder umspülen die Wellen den Stein, umspielen ihn bei Tag und Nacht, jahraus, jahrein. Es scheint, als könne das weiche Wasser dem harten Gestein nichts anhaben. Doch auf Dauer gesehen verändert das Wasser den Stein, formt ihn um, durchlöchert ihn, ja wäscht ihn weg. Weiches bricht Hartes. In einem Lied aus den Tagen der Friedensbewegung heißt es deshalb über das Wasser:

> „Es reißt die schwersten Mauern ein
> und sind wir schwach und sind wir klein,
> wir wollen wie das Wasser sein,
> das weiche Wasser bricht den Stein."[18]

Ein treffendes Gleichnis dafür, dass wir auch vor den größten Härten des Lebens nicht zu kapitulieren brauchen. Dies lehrt uns die Berührung des harten Steins mit dem weichen Wasser: Auch das hartnäckigste Leid und Elend wird am Ende weichen. Gewalt und Terror, so übermächtig sie sich gebärden, behalten nicht das letzte Wort. Weiches bricht Hartes. Wichtig ist, dass auch bei uns etwas ins Fließen kommt wie Wasser, eine Kraft, die sich nicht abfindet mit den Härten unseres Daseins, die nicht aufgibt, nicht resigniert, keinen Augenblick.

---

18 „Das weiche Wasser bricht den Stein" – wurde Ende der 70er Jahre von Dieter Dehm für die Friedensbewegung geschrieben.

Ich begegnete einmal einer Frau, die durch einen Unfall an einen Rollstuhl gefesselt war. Sie erzählte, wie hart die ersten Jahre waren. Sie konnte nicht akzeptieren, was ihr widerfahren war. Bis eines Tages der Durchbruch kam. Der brachte etwas in ihr zum Fließen, etwas wie Wasser, das Steine wegwäscht vom Herzen. Denn von Stunde an war es ihr gegeben, obgleich weiterhin an den Rollstuhl gebunden, jeden Tag neu alle Dunkelheit in Licht zu verwandeln, alle Angst in Vertrauen und alle Traurigkeit in Freude. Etwas wie Wasser will bei uns alles Verhärtete ins Fließen bringen.

Was aber ist das?

Dem Mann Hiob, so erzählt die Bibel, lagen Verlust, Leid und Schmerz schwer auf der Seele. Dennoch hörte er in den Abgründen und Tiefen seines Lebens nicht auf, mit Gott zu reden. Bei ihm war es das Gespräch mit Gott, das Hören auf sein Wort, das ihm Wende und Durchbruch schenkte. Die Erfahrung Hiobs will uns ermutigen, dem Wort etwas zuzutrauen.

Mag es dir auch durchlässig und weich wie Wassertropfen vorkommen, schwach und gering, ja wie nichts angesichts der schweren Steine, die dir auf der Seele liegen:

Sei nur gewiss – stärker und mächtiger als alle Gewalt ist das Wort des lebendigen Gottes. Es wäscht Steine weg. Ja, es hat die Kraft, versteinerte Herzen zu durchdringen und zu formen – sanft, stetig, geduldig, bis etwas ins Fließen kommt.

„Das weiche Wasser bricht den Stein."

# Der Pilger

Ich saß im ICE nach Speyer. Während draußen in vielen Farben der Herbst vorüberzog, dachte ich an die Gespräche zurück, die ich in München mit dem Bildhauer Martin Mayer hatte. „Man sollte bemüht sein, der Natur so nahe wie möglich zu kommen, indem man sich vom Naturalismus mehr und mehr entfernt", hatte er gesagt.

Dieser Satz habe ihn von frühester Zeit an begleitet. Kunst sei eben nicht abbilden oder nachbilden, sondern bilden. Ihm gehe es darum, das Wesen dessen, was gebildet und gestaltet wird, sichtbar, erkennbar zu machen.

„Nehmen Sie zum Beispiel den ‚Jakobspilger' in Speyer. Ich möchte sein Wesen, das, was den Pilger wesenhaft ausmacht, erkennbar machen."

Darum musste ich nach Speyer fahren. Ich wollte die drei Meter hohe Bronzefigur, die 1990 zur 2000-Jahrfeier der Stadt Speyer entstanden ist, sehen, berühren, erleben und an ihr das Wesen des Pilgers entdecken.

Eine Woge von Licht und sommerlichen Temperaturen schlug an diesem Oktobertag über mir zusammen, als ich vor dem „Jakobspilger" stand. Da geht er also, durch Muschel und Hut, Stab und Kalebasse gekennzeichnet, der Schutzherr der Pilger und Wallfahrer. Den Dom im Rücken geht er mit leicht gesenktem Kopf, einfachem Gewand und barfüßig merkwürdig unbekümmert an allem vorüber, was groß und mächtig ist in der Welt.

Sein Schritt ist konzentriert und entschlossen, sein Ziel ihm in Herz und Sinn geschrieben. Kurzum: Er geht wie einer, der – von einer unsichtbaren Mitte getragen – was Besseres weiß auf dieser Welt.

Ich betrachtete den Pilger und überließ mich meinen Gedanken. Wie lange ich schweigend dasaß, weiß ich nicht. Inzwischen aber hatte sich die Sonne auf die andere Straßenseite geschlagen. Die Häusergiebel warfen lange Schatten, die auf dem Gehweg zu einer eigenwillig geformten Gebirgskette zusammenwuchsen. In diesem Augenblick diffuser Lichtbrechung war mir plötzlich, als hörte ich den Jakobspilger sagen:

„Schau auf meine Füße!

Nur wer die Straße seines Lebens barfuss geht, spürt etwas von ihrer Kraft und ihrem Atem. Nur wenn sein Schritt Erdnähe hat, vermag sich ihm etwas von ihrer Eigenart und ihrem Wesen mitzuteilen.

Doch bedenke:

Die Straße, die du hier auf dieser Erde gehst, ist nicht das Ziel deines Lebens. Sie ist nur Übergang. Wenn du erkannt hast, dass das Ziel deines Daseins jenseits der Straße dieser Welt liegt, dann gehst und lebst du anders auf dieser Straße, viel gelassener, leichter und freier. Du wirst dein Herz nicht an die Dinge der Welt verlieren und erfährst dich als Kind der Freiheit.

Gebrauche also die Welt wie eine Herberge, aus der du in Kürze ausziehen musst. Du bist unterwegs von Ufer zu Ufer, aus der Zeit in die Ewigkeit; unterwegs mit der Zusage Gottes: Ich bin bei dir."

# Der Garten Eden

Sie erlebten, wovon andere nur träumen können. Sie haben die Erde aus einer Perspektive gesehen, wie sie keinem Menschen sonst gegeben war. Aus dem Erdorbit herauskatapultiert, tauchten sie ein in die Tiefen des Alls und sahen unseren Planeten aus einer Entfernung von 400.000 Kilometern. „Himmelsstürmer" wurden genannt, die als Erste den Mond betraten.

Die bemannten Apollo-Missionen zum Mond zwischen Juli 1969 und Dezember 1972 sind zweifellos eines der unglaublichsten Unterfangen in der Menschheitsgeschichte. Als die Astronauten die erdabgewandte Seite des Mondes umkurvten, bot sich ihnen ein unheimlicher, einschüchternder Anblick. Vor ihnen habe sich eine abweisende schwarze Leere aufgetan, in der es keine Sterne gab, erklärten sie nach ihrer Rückkehr. Und die Stille, das Schweigen, das ihnen dort widerfuhr, sei mit nichts auf der Erde vergleichbar. Nur war ihnen, als würden sie aus weiter Ferne den verlockenden Gesang der Erde vernehmen.

Die Astronauten waren nur Augenblicke auf dem Mond. Die aber hatten für sie das Gewicht von Jahren. Denn sie veränderten ihr Leben von Grund auf. Was sich damals in ihren Köpfen ereignete und welche Erkenntnisse und Einsichten sie hatten, wollte der britische Journalist Andrew Smith in Erfahrung bringen. Er interviewte die noch lebenden Astronauten, zeichnete ihre oft bewegenden Lebenswege nach und ließ sie von ihrer faszinierenden Reise berichten. Dabei stellte er fest, was sie alle gleich erstaunt und tief berührt hat: Die komplexe Schönheit der Erde.

In der Umlaufbahn erlebten sie den Planeten Erde als riesig und majestätisch, während er aus der Ferne winzig, schön und schrecklich einsam wirkt. Und auf dem Mond hat Neil Armstrong festgestellt, dass er die Erde mit seinem Daumen verdecken konnte, und als ihn jemand fragte, ob er sich dabei „richtig stark" gefühlt habe, antwortete er: „Nein, ich kam mir richtig klein, wirklich klein vor."[19]

Und Alan Bean sagte in einem Gespräch dies über die Erde: „Ich bin kein religiöser Mensch, aber ich weiß, was in der Bibel steht, und ich denke, dass die Menschen, die die Bibel geschrieben haben, an das Zweistromland zwischen Euphrat und Tigris gedacht haben, als sie vom ‚Garten Eden' sprachen. Denn das war alles, was die Schreiber dieses Dokuments darüber wussten. Ich glaube aber, dass eigentlich die ganze Erde ein Garten Eden ist. Man hat uns ein Paradies gegeben, in dem wir leben können. Darüber denke ich jeden Tag nach …

Wir halten bereits seit dreihundert Jahren mit Teleskopen Ausschau und haben Sonden ins All geschickt, doch wir haben nie etwas Schöneres gesehen als das, was wir sehen, wenn wir das Haus verlassen. Deshalb war ich ein anderer Mensch, als ich von meinem Flug ins All zurückkam."[20]

---

19  Andrew Smith, Moonwalker, S. Fischer Verlag Frankfurt am Main 2009, S. 84
20  Andrew Smith, a.a.O. S. 273 f

# Das Fenster im Weltall

E ine Mondumkreisung dauert keine zwei Stunden. Fünfzig Minuten davon, auf der erdabgewandten Seite des Mondes, ist der Astronaut außer Sicht, allein und von allem abgeschnitten. Die Einsamkeit, die das mit sich bringt, wird als die tiefste beschrieben, die ein menschliches Wesen „seit Adams Zeiten" je erfahren hat.[21] Nichts ist zu sehen, kein Mond, keine Sterne, gar nichts. Den Piloten umgibt eine abweisende, schwarze Leere. Doch dann erscheint ganz plötzlich in den Fenstern der Raumfähre die Mondoberfläche, sonnenüberflutet. Dieser Anblick, meinte Neil Armstrong nach seiner Rückkehr, habe für immer seinen Blickwinkel auf alles erweitert.[22]

Und Edgar Mitchell hat der Blick aus dem All wie kein anderes Ereignis in seinem Leben gezeigt, wie beschränkt unser Blick auf dem Planeten Erde ist. Kein anderes Wesen begehe solche Gräueltaten und Dummheiten wie der Mensch, meint er und befürchtet, wir seien mit unserem enormen Wissen und unserer fehlenden Weisheit drauf und dran, die Erde zu zerstören.[23]

Könnte uns der Blick aus dem Fenster im Weltall dazu verhelfen, unser Verhalten auf der Erde kritisch zu überdenken und menschlicher zu gestalten? Lässt er uns vielleicht nachhaltig

---

21 Andrew Smith, a.a.O. S. 128
22 Andrew Smith, a.a.O. S. 222
23 Andrew Smith, a.a.O. S. 66

erkennen, dass wir Menschen und Völker „eins sind und Kinder der Natur", wie Edgar Mitchell meint?

Doch wie kann das gelingen, wo es doch nur sehr wenigen Menschen vergönnt ist, den Planeten „Erde" aus der Schwerelosigkeit des Weltalls zu betrachten?

Nach seiner Rückkehr vom Mond bewegten Edgar Mitchell Gedanken, die mich aufhorchen ließen: Ihm komme es so vor, erklärte er, als ob „Gott so etwas wie ein universelles Bewusstsein ist, das sich in jedem Individuum manifestiert". Daraus zieht er den Schluss, dass der Weg zur göttlichen Realität und zu einer befriedigenderen Realität des Menschen und des Materiellen nur über das menschliche Bewusstsein führe. Und alles komme darauf an, dass unser menschliches Bewusstsein „in Resonanz tritt mit dem Universum".[24]

Mir scheint es bemerkenswert, dass ein Astronaut aufgrund seiner Erfahrungen im Weltall die Gottesfrage auf die Agenda der Menschen und Völker setzt und meint, sie sei das Gebot der Stunde, wenn es zu einer „befriedigenderen Realität" auf dem Planeten Erde kommen soll.

Doch was ist das eigentlich – „ein universelles Bewusstsein"?

Hat es etwas mit dem zu tun, was wir „Verstand" nennen oder „Vernunft"? Oder ist es der „absolute Wille"? Oder das „universelle Gedächtnis"? Ist es das, was in jüdischer Tradition „makom", der „Ort", genannt wird, in dem sich Gottes Gegenwart manifestiert, die das ganze Universum erfüllt. Wir können nur in Bildern sprechen.

---

24 Andrew Smith, a.a.O. S. 85

Wer Gott selbst ist, bleibt unserem Bewusstsein immer verborgen.

Dennoch! Wir müssen der Frage nach Gott in neuer Tiefe begegnen. Denn sie ist für uns Menschen so etwas wie das Fenster im Weltall, das unseren Blickwinkel auf alles erweitert. Die Menschlichkeit Gottes ist der Schlüssel zur Menschlichkeit des Menschen.

# Das Gewissen der Deutschen

Vor Jahren hörte ich einen Vortrag von einem Oberrabbiner aus Kopenhagen. Er sprach über die biblischen Propheten und nannte sie „das Gewissen des Judentums". „Haben die Deutschen etwas Vergleichbares wie das Judentum mit den Propheten?" fragte er und beantwortete die Frage dann selbst: „Es ist für die Deutschen der Holocaust".

Das sei das dunkelste Kapitel deutscher Geschichte, die wohl größte moralische und menschliche Niederlage, die sich denken lässt, erklärte er. Am Holocaust, am Gedenken an die Opfer, entscheide sich und werde erkennbar, wie es um die gegenwärtige Moral und Menschlichkeit der Deutschen bestellt sei.

Die Worte des Oberrabbiners von Kopenhagen haben mich weiter beschäftigt. Wenn der Holocaust tatsächlich das Gewissen der Deutschen ist, dann ist eine Erinnerungskultur unverzichtbar. Der 27. Januar ist zum Tag des Gedenkens an die Opfer des Nationalsozialismus geworden. Denn am 27. Januar 1945 wurde Auschwitz befreit.

Was aber bedeutet es praktisch, sich an die Opfer der Nazi-Zeit zu erinnern?

Um des Gedenkens willen war mir wichtig, nach Auschwitz zu fahren. Ich musste es tun. Ich wollte es, um die Bilder des Grauens, die ich kannte, zu lokalisieren, zu verorten. Im Hof der Jugendbegegnungsstätte, in der ich untergebracht war, hatten Jugendliche geschrieben: „Mensch, erinnere, was in Auschwitz dir geschah." Dass Auschwitz möglich war, eröffnet unheimliche Perspektiven. Es stellt mein Menschenbild zutiefst in Frage. Ich nahm mir vor, es neu zu überdenken. Tote öffnen Lebenden die Augen.

Eine Gruppe von „Aktion Sühnezeichen", die ihren Arbeitseinsatz beendet hatte, fuhr wieder ab. Jemand hat neben sein Gepäck ein Stück verrosteten Stacheldraht gelegt, das er im ehemaligen Konzentrationslager entdeckt hatte. Wie doch die Dinge, die zu Zeugen von Leid, Blut und Tod wurden, plötzlich eine neue, tiefe Bedeutung bekommen, dachte ich. Als könnten sie Zeichen der Erinnerung in unsere Haut ritzen. Zeichen wider das Vergessen und wider die Gleichgültigkeit. Ja, wider die Gleichgültigkeit, von der der Schriftsteller Elie Wiesel, der als Fünfzehnjähriger Auschwitz überlebt hat, sagt, sie sei es, die alles Lebendige tötet. Nur mit der stillschweigenden Zustimmung der Gleichgültigen gebe es auf der Welt Mord und Verrat.

Ein Gedenken an die Opfer von Auschwitz sagt der Gleichgültigkeit den Kampf an. Es fordert von mir Zivilcourage, gegen den Ungeist der Vergangenheit in Gestalt von Neonazis und Rechtsradikalismus Widerstand zu leisten. Es erklärt mich solidarisch mit allen, wo immer auf dieser Erde, die Opfer von Gewalt und Terror werden. Denn: Nur jenes Erinnern ist fruchtbar, das zugleich an das erinnert, was noch zu tun ist.

# In den Dünensand geschrieben

Es gibt Orte und Landschaften, die schreiben sich dir sofort in Herz und Sinn und begleiten dich das ganze Leben. Die Insel Langeoog ist für mich ein solcher Ort, seit ich dort im „Haus Meedland" vor Jahrzehnten den Menschen kennenlernte, mit dem ich seither in Liebe verbunden bin. Doch so bedeutsam und lieb mir die Insel wurde, sie blieb für mich lange ein Raum ohne Zeit und Geschichte.

Der sollte sich mir erst vierzig Jahre später erschließen, als ich erfuhr, dass der Ort meines Glücks im 2. Weltkrieg ein Lager größten Schreckens und Unglücks war für sowjetische Gefangene. Frühmorgens, so las ich in einer Dokumentation, wurden die jungen Menschen aus den Baracken in der „Meede" zu den Arbeitsstellen getrieben, wo sie ausgehungert und krank zusammenbrachen. Der Kontakt zwischen Bevölkerung und Gefangenen war streng verboten. Die russischen Gefangenen durchlitten in diesem Lager ein wahres Martyrium. Von August

1941 bis Mai 1942 war ein Drittel gestorben. Begraben hat man die Toten in der Nacht in einem Massengrab auf dem Dünengelände – begleitet nur vom Wind, der ihre Namen in den Dünensand schrieb.

Kurz ist das menschliche Gedächtnis. Und rasch vergessen oder verdrängt alles Vergangene. Doch ist Einer, der fragt nach dem Menschen – im Leben und erst recht im Tod: „Kain, wo ist dein Bruder Abel? Die Stimme des Blutes deines Bruders schreit zu mir von der Erde"[25], spricht Gott, bei dem niemand vergessen und nichts vergessen ist. Denn tausend Jahre sind vor Ihm wie ein Tag.[26]

Das Lager „in der Meede" wurde nach dem Krieg weitgehend abgerissen und das Gebäude anderweitig genutzt. Doch eine in „Meedland" 2004/05 gebaute Kapelle ist jetzt Gedenkort für die sowjetischen Opfer auf der Insel. An ihrem Eingang steht in Deutsch und Kyrillisch das Wort:
„Tu deinen Mund auf für die Stummen und die Sache aller, die verlassen sind."[27]

Es fordert die Lebenden auf, alles dafür zu tun, dass nie wieder geschieht, was diesen Gefangenen angetan wurde. Das von nationalsozialistischer Propaganda verbreitete Bild des russischen Menschen war geprägt von Hass, Verachtung und grenzenloser

25  1.Mose 4,9.10
26  2.Petrus 3,8
27  Sprüche 31,8

Überheblichkeit. Hab den Mut, Hasspredigern entgegenzutreten und wehre aller Propaganda, die das Leben anderer nicht achtet. Geh aufrecht und nenne menschliches Unrecht beim Namen. Und vergiss nicht: Das Geheimnis der Versöhnung heißt *Erinnerung*!

Gedenksteine auf dem Dünenfriedhof erinnern heute an die geschundenen sowjetischen Soldaten. Einer dieser Steine trägt die Inschrift: „Die russischen Toten sind auch unsere Toten."
„Wann ist der Übergang von der Nacht zum Tag?", hörte ich jemanden fragen, und eine Stimme in mir antwortet:
„Wenn du das Gesicht eines Menschen siehst und entdeckst darin deinen Bruder oder deine Schwester, dann ist die Nacht zu Ende und der Tag hat begonnen."

# Der verhüllte Reichstag

Juni 1995. Für die Künstler Christo und Jeanne-Claude wird ein vierundzwanzig Jahre gehegter Traum Wirklichkeit – die Verhüllung des Berliner Reichstages:
Hunderttausend Quadratmeter silbrig glitzernde Stoffbahnen wurden gebraucht und eine sechzehn Kilometer lange blaue Kordel, um das geschichtsträchtige Bauwerk zu verpacken. Umgesetzt hat das Projekt ein zweihundert Mann starkes Packerteam, dem eintausendfünfhundert junge Helfer aus Deutschland, Italien, Russland, Norwegen, sogar Thailand und Irak zur Seite standen.

Es war ein Medien- und Kunstspektakel, das weltweite Beachtung fand und an dem sich die Geister schieden.

Die „New York Times" platzierte das spektakuläre Verhüllungswerk auf der ersten Seite und schrieb: Die Verhüllung sei ein Kunstwerk, ein kulturelles Ereignis, ein politisches Happening und ein ambitiöses Stück Business. Das Kunstwerk habe Berlin mehr in Festtagsstimmung versetzt als irgendetwas seit dem Fall der Mauer vor fünfeinhalb Jahren.

Tatsächlich waren die Millionen Besucher begeistert, die vom 26. Juni bis 6. Juli nach Berlin kamen, um sich das zwölf Millionen Mark teure Verhüllungswerk anzusehen. Warum dieser Besucherrekord? Was hat die Menschen angesprochen?

Es sind vermutlich mehrere Faktoren, die zusammen die Wirkung ausmachen: Vielleicht ist es einfach nur, dass ein Repräsentationsgebäude in eine Skulptur verwandelt wurde. Damit, so hieß es, sei dem historischen Haus eine neue Qualität zugewachsen, die nur gute Kunst leisten kann.

Man hat auf die Wirkung des Lichtes hingewiesen. Das Spiel von Hell und Dunkel auf der Reichstags-Verhüllung biete dem Betrachter ständig eine andere Form der Wahrnehmung. Was nicht zuletzt damit zusammenhängt, dass das Gewebe der Stoffbahnen mit hauchdünnem Aluminium beschichtet war. „Materialisiertes Licht" hat Christo das genannt.

Der besondere Akzent und Denkanstoß aber liegt für mich in der fruchtbaren Spannung zwischen Verhüllen und Enthüllen. Als die ersten Stoffballen vom Dach des Reichstages heruntergelassen wurden, notierte eine Zeitung: „Die ersten Hüllen fallen."

Nun ist es doch so, dass dort, wo Hüllen fallen, etwas frei, entblößt und nackt wird, was zuvor verhüllt war. Dies wörtlich genommen und auf das Berliner Kunst-Projekt übertragen, würde bedeuten:

Als alle Hüllen fielen und die glitzernden Stoffbahnen den Reichstag verhüllten, da wurde etwas enthüllt und sichtbar, was zuvor so nicht zu sehen war. Verhüllung enthüllt? Durchaus. Es ist hier also gerade die äußere Verhüllung, die paradoxerweise etwas von dem Inneren freilegt und enthüllt, wofür der Reichstag steht – für deutsche Geschichte, deutsche Politik, deutsche Identität.

Was aber ist das?

Könnte es nicht der politische und militärische Triumphalismus eines „Deutschland, Deutschland über alles in der Welt" sein, von dem im 20. Jahrhundert das Elend zweier Weltkriege und der Holocaust ausgegangen sind? Ich kann mich des Eindrucks nicht erwehren, dass der Berliner Reichstag gerade in seiner verhüllten Gestalt etwas Unheimliches, Gewaltiges, ja Monströses hat und damit zeichenhaft sichtbar macht, was zur deutschen Geschichte gehört und wir nicht verdrängen dürfen. So gesehen wäre der verhüllte Reichstag eine Warnung an das wiedervereinte Deutschland, ja nicht in alte Zeiten zurückzufallen.

# Tanz der Befreiung

„Die Gnade tanzt" – ist ein Hymnus aus dem 3. Jahrhundert n. Chr. überschrieben. Ich entdeckte ihn im Programmheft zur Ballett-Aufführung der „Matthäus-Passion", die ich in der Hamburger Staatsoper miterlebte. Das liturgische Tanzlied schließt mit den Worten:

„Wer nicht tanzt, begreift nicht, was sich begibt." – „Amen." Die lebendige, vom Choreographen John Neumeier facettenreich inszenierte Aufführung bestätigt diese Aussage. Wie hier Wort und Musik von J. S. Bach in die Sprache des Tanzes übertragen worden sind, hat mich beeindruckt. Die Lust der Tänzer an Ausdruck, an Emotion, an körperlich vermittelten Gedanken, die nicht weniger musikalisch und virtuos waren als Bachs Oratorium, machte die Inszenierung zu einem Ereignis.

Doch was meine Sinne vor allem erregte, war die künstlerische Interpretation des vom Evangelisten gesungenen Matthäus-Textes. Hier wurden mir die dem Tanz eigenen Möglichkeiten besonders augenfällig. Ich nahm Akzente wahr, die mein Verständnis der Passion Jesu vertieften. Deutlich wurde, dass es dem Choreographen und seinen Tänzern nicht um die gestische Verdoppelung musikalisch-stimmlicher Ereignisse zu tun ist. Vielmehr darum, das, was sie erfasst und vom Leiden und Sterben Jesu ergriffen hat, in ihrer Sprache auszudrücken – in der Sprache der „rhythmischen Bewegung", im Alphabet des Tanzes.

Drei markante Beispiele für die spirituelle Realität des Tanzes:

1. Die Tänzer machten auch den Zuschauerraum zum Schauplatz des Geschehens. Damit sollte deutlich werden: Du bist nicht weniger Zeuge des Geschehens als die Darsteller. Sieh, was hier geschieht, mit den Augen des Petrus und des Judas und des Pilatus. Sieh mit den Augen der Menschen, die da schreien: „Kreuzige ihn!" Denn du bist Petrus, der ihn verleugnet. Du bist Judas, der ihn verrät. Du bist Pilatus, der seine Hände in Unschuld wäscht. Es sind deine Leidenschaften und Ängste, deine Schwächen, Fehler und Sünden, die Jesus ans Kreuz gebracht haben.

2. Nach dem Evangelisten Matthäus wird Jesus im Garten Gethsemane von Judas mit einem Kuss verraten. Im Ballett dagegen sind es *alle* Jünger, die Jesus küssen, ausgenommen Judas, der gar nicht küsst, aber bezeichnenderweise von Jesus geküsst wird.

Was hat das zu bedeuten?

Hier findet tänzerischen Ausdruck, was das griechische Wort „verraten" auch bedeutet – nämlich „ausliefern" und „überliefern". Durch den Verrat gelangt das Evangelium, das Heil Jesu Christi, zu den Römern, den Heiden, den Völkern. Das ist Gottes Wille, dem sich Jesus ausdrücklich unterstellt, indem er den Verräter küsst.

3. Auf dem Weg zur Hinrichtungsstätte wird ein Mann mit Namen Simon aus Kyrene aufgegriffen, der Jesu Kreuz tragen soll. So steht es im Matthäus-Evangelium.[28] Im Tanz aber trägt

---

28  Mätthäus 27,32

nicht Simon Jesu Kreuz. Es ist Jesus, der (anstelle eines Kreuzes) Petrus auf seinen Schultern trägt und Judas und Pilatus. Damit deutet sich hier schon an:

Es ist der Gekreuzigte, der wörtlich alle Schuld auf sich nimmt; sie trägt und damit Schuld in Vergebung verwandelt. Keiner ist mehr auf seine Schuld, auf sein Versagen festgelegt. Im Kreuz wohnt der Neuanfang. Es ist so: „Die Gnade tanzt. Und wer nicht tanzt, begreift nicht, was sich begibt. Amen."

„Ich lobe den Tanz,
denn er befreit den Menschen
von der Schwere der Dinge
und bindet den Vereinzelten zu Gemeinschaft.

Ich lobe den Tanz,
der alles fordert und fördert,
Gesundheit und klaren Geist
und eine beschwingte Seele.
Tanz ist Verwandlung
des Raumes, der Zeit, des Menschen,
der dauernd in Gefahr ist
zu zerfallen, ganz Hirn,
Wille oder Gefühl zu werden.

Der Tanz dagegen fördert
den ganzen Menschen,
der verankert ist in seiner Mitte,
der befreit ist
von der Begehrlichkeit
nach Menschen und Dingen
und von der Dämonie der Verlassenheit
im eigenen Ich.

Der Tanz fordert den befreiten,
den schwingenden Menschen
im Gleichgewicht aller Kräfte.

Ich lobe den Tanz.

O Mensch, lerne tanzen,
sonst wissen die Engel im Himmel
mit dir nichts anzufangen.“[29]

---

29  Verfasser unbekannt; nach Auskunft des Zentrums für Augustinus-Forschung
(Würzburg) fälschlicherweise dem Kirchenvater Augustin zugeschrieben.

# Die Hände auf alten Steinen

Wer Prag besucht, wird auch über die Karlsbrücke gehen. Von ihr hat man einen herrlichen Blick auf die Moldau und auf die Stadt, die sich an ihren Ufern ausbreitet. Berühmt aber wurde die Karlsbrücke durch ihre Skulpturen. Eine von ihnen ist mir besonders lieb und wichtig geworden:

Sie zeigt den Heiligen Prokop, der zunächst als Einsiedler lebte und dann Abt eines Benediktinerklosters war, bis er im Jahre 1053 starb. Das Relief in der Sockelzone stellt den Sieg des Heiligen über den Teufel dar. Als ihn der Teufel versucht, spannt Prokop ihn vor seinen Pflug und lässt ihn als Zugpferd für sich arbeiten.

Auf diese Szene bezieht sich der Prager Dichter Franz Kafka in einem Brief, den er im März 1920 an die junge Minze Eisner schrieb. Während eines Kuraufenthalts hat er das entwurzelte, kranke Mädchen kennengelernt. Kafka stellt ihr in seinem Brief die nützliche, gesundmachende Wirkung landwirtschaftlicher Arbeit vor Augen. Solche Tätigkeit sei geeignet, den Teufel der Nervenschwäche zu besiegen, unter dem er genauso zu leiden habe wie seine Briefpartnerin. Kafka schreibt:

„Jeder hat seinen beißenden nächtezerstörenden Teufel in sich und das ist weder gut noch schlecht, sondern es ist Leben: Hätte man den nicht, würde man nicht leben. Was Sie verfluchen, ist also Ihr Leben. Dieser Teufel ist das Material (und im Grunde ein wunderbares), das Sie mitbekommen haben und aus dem Sie nun etwas machen sollen.

Auf der Karlsbrücke in Prag ist unter einer Heiligenstatue ein Relief, das Ihre Geschichte zeigt. Der Heilige pflügt dort ein Feld und hat in den Pflug einen Teufel eingespannt. Der ist zwar noch wütend, fletscht die Zähne, schaut mit schiefem bösem Blick nach seinem Herrn zurück und zieht krampfhaft den Schwanz ein, aber unter das Joch ist er doch gebracht.

Nun sind Sie ja, Minze, keine Heilige und sollen es auch nicht sein und es ist auch gar nicht nötig und wäre schade und traurig, wenn alle Ihre Teufel den Pflug ziehen sollten, aber für einen großen Teil von ihnen wäre es gut und es wäre eine gute Tat, die Sie damit getan hätten. Ich sage das nicht, weil es nur mir so scheint, – Sie selbst streben im Innersten danach."[30]

Als ich die Worte Kafkas las, habe ich sofort gespürt: Es ist auch meine Geschichte, die auf der Prager Brücke zu sehen ist. Seit ich darum weiß, bin ich wie einer, der in schwierigen Lebenslagen in Gedanken die Karlsbrücke aufsucht, den Heiligen Prokop zu besuchen und – wie Kafka in einem frühen Gedicht schreibt –

„in das Abendwasser schaut, die Hände auf alten Steinen".[31]

---

30 Franz Kafka, Briefe 1902 – 1924, Fischer Verlag Frankfurt 1983, S. 267
31 „Menschen, die über dunkle Brücken gehn,
    vorüber an Heiligen
    mit matten Lichtlein.
    Wolken, die über grauen Himmel ziehn
    vorüber an Kirchen
    mit verdämmernden Türmen.
    Einer, der an der Quaderbrüstung lehnt
    und in das Abendwasser schaut,
    die Hände auf alten Steinen."
    (Franz Kafka, Briefe 1902 – 1924, a.a.O. S. 21f)

# Eine Landschaft aus Lächeln

Als ich in Wien das „Hundertwasser-Haus" besuchte und den Gebäudekomplex mit Wohnungen, Geschäften und Gastronomie sah, war mir, als habe jemand seine Freude wie bunte Vögel an den Himmel geworfen:

Da ist lauter Farbe statt grauer Sterilität. Die Mauern verlaufen krumm und geschwungen. Die Fußböden wellig statt eben. Es gibt an diesem Haus nicht eine gerade Linie. Keine Wohnung darin ist wie die andere. Und oben, ganz weit oben sah ich es grün in den spätsommerlichen Himmel wachsen. Denn die Dächer sind mit Bäumen, Büschen und Gräsern zu kleinen Gärten gestaltet. Es ist eine Landschaft aus Lächeln, dachte ich und wollte (neugierig geworden) wissen, was dieses Haus so ungewöhnlich und ansprechend macht. Um das herauszubekommen, suchte ich das Gespräch mit seinem Architekten, dem 1928 in Wien geborenen Maler Friedensreich Hundertwasser.

„Es ist im Grunde ganz einfach", erklärte der in einem früheren Interview. „Ich sah eine Wiese und sah ein Dach, ich sah Bäume und sah ein Haus. Mit allem, was wir tun, müssen wir der Natur in uns eine Heimstatt geben. Das war mein Traum von Jugend an, mit der Natur in Harmonie zu leben."

„Aber warum vermeidest du die gerade Linie?", wollte ich wissen.

„In der Natur ist nichts eben. Es gibt keinen einzigen Menschen, der ein Lineal ist. Hüte dich vor der geraden Linie! Sie ist die einzige nichtschöpferische Linie. Sie entspricht nicht dem Ebenbild Gottes."

„Das also ist der Grund, warum die Mauern deiner Häuser krumm und geschwungen sind und die Fußböden wellig verlaufen?"

„Ja, seit Millionen Jahren hat der Mensch auf unebenen Böden gelebt. Freiheit und Kreativität des Menschen gehen einher mit der Unebenheit der Natur. Die Mauern, musst du wissen, sind Häute, die Häuser Lebewesen."

„Wie soll ich das verstehen?"

„Der Mensch", sprach er, „hat drei Häute – seine eigene, seine Kleidung und seine Behausung. Diese drei müssen sich wandeln, um zu wachsen. Sie müssen sich verändern, um von innen zu leuchten. Ich schließe die Augen und sehe die Häuser dunkelbunt statt hässlich hell und statt Beton grüne Wiesen auf den Dächern."

Ob die uns so bedrängende ökologische Frage nicht mit einem Schlag gelöst wäre, wenn wir Menschen, wo immer auf dieser Erde, der Natur in uns eine Heimstatt geben, wie es Hundertwasser fordert? Jedenfalls war ich entschlossen, fortan bei dem, was ich tue, (dem Wesen) der Natur so nahe wie möglich zu kommen.

Die ganze Schöpfung ist Gottes Schönschrift, dachte ich, als ich das „Hundertwasser-Haus" wieder verließ. Alles in der Natur trägt seine Schriftzüge. Und die sollen mich daran erinnern, dass ich als sein Ebenbild zur Freiheit berufen und zur Kreativität bestimmt bin.

# Aus einem Tagebuch

In Goethes Tagebüchern seiner „Italienischen Reise" entdeckte ich eine Notiz, die mein besonderes Interesse fand: Es war am 14. Mai 1787. Goethe näherte sich auf einem Schiff der Insel Capri. Unter einem wolkenlosen Himmel glänzte das Meer. Kein Lufthauch regte sich. Da entstand unter den Passagieren plötzlich eine große Unruhe und Aufregung: Das Schiff war aufgrund fehlenden Windes in eine gefährliche Strömung geraten. Die zog es langsam, aber unwiderstehlich zu den schroffen Felsen der Insel hin. Die Passagiere, die das Unheil kommen sahen, waren außer sich vor Erregung.

In dieser Situation trat Goethe vor und erinnerte seine Mitreisenden an eine biblische Geschichte:

Auf dem See Genezareth gerieten die Jünger einmal in einen gewaltigen Sturm. In ihrer Angst weckten sie den schlafenden Jesus und schrien: „Meister, Meister, wir kommen um!" Daraufhin gebot Jesus den Winden, dass sie schweigen.[32]

An diese Rettung erinnernd rief Goethe den lärmenden und schreienden Passagieren zu, sie sollten doch zur Mutter Gottes beten, dass sie sich bei ihrem Sohn verwende. Der damals den Winden gebot, dass sie sich legen, der kann auch machen, dass sie sich regen, wenn es sein heiliger Wille ist. Diese Worte, schreibt Goethe, „taten die beste Wirkung".[33]

---

32  Markus 4,35-41
33  Goethes Werke Band XI, Hamburger Ausgabe, C.H. Beck München 1998, S. 318

Ich finde bemerkenswert, dass Goethe im Augenblick größter Gefahr nicht zuerst an menschliche Rettungsmanöver denkt, sondern an die biblische Geschichte von der „Sturmstillung". Dem gebietenden Wort Jesu traut er zu, dass es Menschen in Todesangst und Verzweiflung neuen Mut und neues Vertrauen geben kann.

Dass Goethe seine Mitreisenden an diese Geschichte zu erinnern wusste, war kein Zufall. In derselben Tagebuchnotiz erklärt er: „Denn ganz deutlich schwebte mir das Bild aus Merians Kupferbibel vor Augen."[34]

Gemeint ist eine Lutherbibel mit Kupferstichen von Matthäus Merian (1593 – 1650). Die Bilder dieser Bibel, die er in seinem Elternhaus vorfand, haben ihn von Jugend an begleitet und geprägt. So war es ihm möglich, jederzeit biblische Geschichten und ihre Bilder zu vergegenwärtigen und ihre Kraft zu erfahren.

„Meister, Meister, wir kommen um", schreien die Menschen. Und in ihren Seelen tobt der Sturm und tobt die Stille. Und der den Winden gebietet, dass sie sich hier legen und dort regen – in seinem Munde heißt es seit Jahrtausenden: Was bist du so furchtsam? Hast du noch keinen Glauben? Nichts ist Gott näher als ein zerrissenes, angsterfülltes Herz.

Fürchte dich nicht!

---

34  Goethes Werke Band XI, a.a.O., S. 319

# Steine mit menschlichem Herzen

Ich habe einen Freund in Israel. Der ist Rabbiner. In einem unserer Gespräche in Jerusalem sagte er: „Weißt du, Menschen gibt es mit Herzen aus Stein und Steine mit menschlichem Herzen. Glaubst du das?"

„Ja, dass wir Menschen oft hartherzig sind, ohne Liebe, ist leider bittere Wahrheit", erwiderte ich. „Aber ‚Steine mit menschlichem Herzen', was meinst du damit?"

„Der Weg zum Herzen der Steine ist unten", sagte er und führte mich durch die Suqs, die orientalischen Basarstraßen der Altstadt von Jerusalem, hinunter zur Klagemauer, dem steinernen Rest des jüdischen Tempels. Wir standen eine Weile still vor den mächtigen Steinquadern der Westmauer.

Dann sagte mein Freund, der Rabbi:

„Wenn Steine eine bewegte Geschichte haben, dann diese. Dies ist ein symbolträchtiger Ort. Hier finden religiöse Feiern statt – auf dem Vorplatz sogar Kundgebungen und Konzerte. Aber das Wesentliche, das Eigentliche ist dies: Es ist ein Ort des Gebets. Hunderte kommen hier täglich zusammen, um zu beten. Diese Steine hat man mit Tränen benetzt, hat ihnen alles anvertraut, Höhen und Tiefen, Freud und Leid. Davon zeugen die zahllosen Quittel, die Zettelchen, die in den Ritzen und Nischen der Steine stecken. Darum sind dies ‚Steine mit menschlichem Herzen'. Nach alter Tradition ist in ihnen der Geist Gottes präsent."

Steine mit menschlichem Herzen: Es braucht Orte in unserem Leben, wo wir alles, was uns aufwühlt und bewegt, vor Gott bringen können. Orte der Befreiung und Entlastung von Kummer, Angst und Sorgen. Dazu müssen wir nicht nach Jerusalem reisen. Auch unsere Kirchen sind Steine mit menschlichem Herzen. Eine Frau, die seit vielen Jahren die Gottesdienste besucht, erzählte mir:

„Was meinen Sie, wie viele Seufzer und Kümmernisse zwischen den Balken im Kirchengewölbe hängen! Das reicht zurück bis in die Zeit von Krieg und Entbehrung. Als es mir zu Hause zu viel wurde, fand ich hier Ruhe und neue Kraft. ‚Schütte dein Herz aus vor dem Herrn‘, heißt es irgendwo in der Bibel", sagte sie. „Das tut gut. Ich habe es erfahren."

Ja, es gibt Gott sei Dank Steine mit menschlichem Herzen!

Orte, zu denen wir gehen können, die uns Zuflucht gewähren und neue Kraft schenken. Sie sind nötig in unserem Leben, damit uns immer neu das steinerne Herz weggenommen und ein Herz geschenkt wird, das voll Vertrauen in die Zukunft sieht und in dem die Liebe wohnt.

Im Buch des Propheten Ezechiel heißt es von Gott:

„Ich will das steinerne Herz wegnehmen und will ihnen ein anderes Herz geben und einen neuen Geist in sie geben."[35]

---

35 Ezechiel 11,19

# Aussatz und Sprache

E s war an einem Sabbatabend in Jerusalem. Kurz vor Einbruch der Dunkelheit kam ich in das Haus eines Rabbis. Der hatte die schöne Gewohnheit, zum Sabbatbeginn Gäste einzuladen, Juden und Nichtjuden. Nach kurzer Zeit hatten sich in seiner Wohnung an die hundert Menschen zusammengefunden. Geschichten wurden erzählt und biblische Texte verlesen, darunter auch der Wochenabschnitt aus der Tora, in dem es um die Feststellung und Heilung von Aussätzigen geht.[36]

Als der Rabbi den Wochenabschnitt las, sah ich vor mir die Leprakranken, denen ich einmal auf dem „Sternberg", einem von Kaiserswerther Diakonissen betreuten Lepraheim nördlich von Jerusalem, begegnet war. Die Bilder dieser verstümmelten, von ihrer Krankheit entstellten Menschen haben sich meinem Gedächtnis tief eingegraben. Dass man die Lepra heute medizinisch im Griff hat und den Menschen geholfen werden kann, ist ein echter Fortschritt.

Bei den Leprakranken wurde mir deutlich, was die Lage eines Aussätzigen – über seine körperlichen Leiden und Schmerzen hinaus – so schrecklich bedrückend und hoffnungslos macht: Seine Krankheit isoliert ihn. Sie stellt ihn ins Abseits. Sie trennt ihn nicht nur von anderen Menschen, sie trennt ihn auch von Gott. Davon war man jedenfalls in biblischen Zeiten überzeugt.

---

36  3.Mose 13 und 14

Von den Menschen getrennt und von Gott verstoßen – dies machte ihren größten Schmerz aus. Trennung und Isolation aber bedeuten den Einbruch des Todes mitten im Leben.

Daran dachte ich, als der Rabbi den Wochenabschnitt las. Umso gespannter war ich, da wir nach der Lesung noch mit einer Ansprache rechnen durften, wie er nun wohl dieses Wort aus der Tora deuten würde? Keiner der Anwesenden war in der Weise aussätzig, wie es in der Tora erzählt wird. Was also würde er sagen?

Zu meiner Überraschung erklärte er:

„Du, Mensch, gleichst einem Aussätzigen, wenn du Schlechtes über andere sagst."

Mit anderen Worten:

Klatsch und üble Nachrede, Gerüchte und das Geschwätz über andere sind wie Aussatz. Sie breiten sich in Windeseile aus. Sie trennen und isolieren, statt zusammenzuführen. Sie machen einsam und verloren und vergiften das zwischenmenschliche Klima. Am Ende wirken sie immer auch auf den zurück, der sie spricht, und machen ihn unrein. Schlechte, böse Worte verstümmeln und entstellen tatsächlich den Menschen.

Treffend und wegweisend heißt es darum in der Bibel:

„Die Zunge ist ein kleines Glied und richtet große Dinge an, ein kleines Feuer, welch einen Wald zündet es an. Darum gib Acht, dass du dich im Wort nicht verfehlst. Wer seine Zunge im Zaum hält, der ist vollkommen und kann auch den ganzen Leib im Zaum halten."[37]

---

37 Jakobus 3

# Die Rose von Jericho

Wir durchzogen das judäische Bergland und waren vor Mar Saba, einem von griechisch-orthodoxen Mönchen bewohnten Wüstenkloster. Von den kahlen Höhen blies ein heißer Wüstenwind, als mein palästinensischer Freund aus Beit Jala plötzlich stehen blieb und auf ein vertrocknetes Gewächs zeigte.

„Kennst du das?", fragte er und erklärte: „Die Kreuzfahrer nannten es ‚Rose von Jericho'. Es gehört zu den Bärlappgewächsen. Als Grabbeigabe in Pharaonengräbern hat es dort eine Trockenphase von fast viertausend Jahren unbeschadet überstanden. Es galt bei den Ägyptern als Zeichen des ewigen Lebens."

„Und warum?", wollte ich wissen.

„Dieses Gewächs hat ein auffallendes Kennzeichen", sagte er. „Wenn es trockenfällt, verliert es seine Wurzeln. Und dann kann der Wind es über Hunderte von Kilometern fortwehen. Die ‚Rose von Jericho' vermag tatsächlich ohne Wurzeln zu überleben. Mit nur etwas Wasser aber bekommt sie wieder Wurzeln, wird grün und ersteht zu neuem Leben. Darum wird sie auch ‚Auferstehungsblume' genannt."

Was für ein eindrückliches Bild und Gleichnis, dachte ich: Die Rose von Jericho tut etwas, was andere Pflanzen nicht tun. Sie gibt ihre Wurzeln auf. Aber damit, dass sie ihr Eigenes loslässt, gewinnt sie das Leben. Sie ist bereit, sich dem Wind anzuvertrauen, der sie weiterweht und zum nächsten oder fernsten Wasser trägt. Und sooft das geschieht, erlebt sie an sich das Wunder der Auferstehung.

Kühn und verwegen ist die Auferstehungsblume. Sie hat den Mut, Vertrautes aufzugeben und immer neu aufzubrechen.

In der Bibel wird von einem Menschen erzählt, der seine eigenen Wurzeln, ja alles, was zu ihm gehörte, losgelassen hat und aufgebrochen ist. Abraham ist sein Name. „Geh aus deinem Vaterland und von deiner Verwandtschaft und aus deines Vaters Hause in ein Land, das ich dir zeigen will", hatte Gott zu ihm gesagt.[38] Und Abraham tut es. Er lässt alles zurück und bricht auf, nur noch gebunden an die obere Wurzel.

Sooft ich an dieses Wort komme, stockt mir der Atem: „Abraham, was mutet Gott dir zu! Sag, woher hast du die Kraft genommen, alles zurückzulassen und aufzubrechen?"

Und dann höre ich Abraham antworten: „Sieh, wie es bei mir angefangen hat. Gottes Wort, seine Zusage, sein Segen stehen am Anfang. Gott sprach zu mir. Und ich vertraute ihm."

Fortan tat Abraham alles, was er tat, allein auf sein Wort hin. Aus seinem Wort kamen ihm Mut und Kraft zu, alles loszulassen und aufzubrechen. Frage doch bei allem, was du tust, zuerst nach Gottes Wort. Hast du sein Wort, dann wird dir nichts unmöglich sein. „Mit seinem Wort kannst du über Mauern springen."[39]

---

38  1.Mose 12,1
39  Psalm 18,30

# Von Menschen und Göttern

In den algerischen Bergen begann es zu schneien, als kurz nach Mitternacht bewaffnete islamistische Rebellen in ein Kloster eindrangen, die Mönche herauszerrten und entführten. Auf einem schmalen Weg stiegen sie in ihren weißen Mönchskutten die Berge hinauf und wurden nach und nach vom Weiß des Winters verschluckt.

So endet sehr eindrücklich der Film „Von Menschen und Göttern", der weltweit ein großes Echo fand. Beschrieben werden die letzten Monate im Leben der Trappisten-Mönche von Tibhirine (berberisch für „Gemüsegarten"), die in Algerien in der Nacht vom 26. auf den 27. März 1996 auf brutale und bisher ungeklärte Weise ums Leben kamen. Ihre Entführung und Ermordung schockierte damals ganz Frankreich.

Ebenso tief bewegend wie der Schluss ist im Film eine andere Szene: Als zwölf kroatische Bauarbeiter in der Nähe des Klosters ermordet werden, drängen Militär und Bezirksvorsteher die Mönche, Tibhirine zu verlassen, da sie das nächste Ziel der Rebellen sein könnten. Militärischen Schutz lehnt der Prior, Christian de Chergé, ab. Nun geht es für die Mönche um die Frage: Bleiben oder nicht bleiben? Sie müssen eine Entscheidung treffen. Jeder für sich. Und alle in der Gemeinschaft.

Wie nah und existentiell die Bedrohung ist, erfahren die Mönche an einem Weihnachtsabend, als eine Rebellengruppe das Kloster heimsucht, um mit Waffengewalt die Versorgung ihrer

Verletzten zu erzwingen. Christian lehnt ab. Doch der Schock sitzt tief.

In intensiver Selbstbefragung versucht jeder Mönch zu einer Entscheidung zu kommen. Immer in dem Bewusstsein, dass diese mit Konsequenzen sowohl für die Gemeinschaft als auch für das muslimische Umfeld verbunden ist, in dem sie leben. Der jüngste unter ihnen, Christophe, gerät darüber in eine tiefe Glaubenskrise. Wozu in Algerien bleiben? Warum sollen wir als Christen in scheinbar verzweifelter Lage ausharren und das Leben riskieren? Unermüdlich haben sie um eine adäquate Antwort gerungen.

Am Ende fassten sie den Entschluss zu bleiben.

Was aber bedeutet dieser Entschluss? Anders gefragt: Was heißt es, ein Glaubenszeuge zu sein? Und was eigentlich macht den Märtyrer zum wahren Märtyrer?

Einer der Mönche sprach es ein Jahr vor seinem Tod so aus:

„Nur einer kennt die Stunde unserer Befreiung in Jesus Christus. Bleiben wir verfügbar, damit er in uns wirken kann, durch unser Gebet und unsere liebende Gegenwart bei all unseren Brüdern!"

Oder mit Worten von T.S. Eliot, die er in seinem Drama „Mord im Dom" Thomas Becket, dem Erzbischof von Canterbury, in den Mund legt:

„Der rechte Märtyrer ist jemand, der Gottes Werkzeug geworden ist, der seinen eigenen Willen an Gottes Willen verloren hat, und der nicht länger irgendetwas für sich wünscht, nicht einmal den Ruhm, ein Blutzeuge zu sein."

# Der Mann mit den Bäumen

Der französische Schriftsteller Jean Giono erzählt die Geschichte eines Schafhirten in den Cevennen, den er mehrfach zwischen 1913 und 1947 aufgesucht hatte. Dieser Hirte, der mit fünfzig Schafen in einer Einöde lebte, hatte erkannt, dass die Gegend aus Mangel an Bäumen absterben werde. Und da er, wie er meinte, nichts Wichtiges zu tun hatte, beschloss er, hier Abhilfe zu schaffen. Über Jahre pflanzte er Bäume in jener Einsamkeit und Einöde – Eichen, Buchen, Ahorne und Birken.

Dass das Land nicht ihm gehörte und er den Besitzer nicht kannte, focht ihn nicht an. Er versenkte Tausende von Eicheln mit größter Sorgfalt ins karge Erdreich. Auch um die Weltkriege hat er sich nicht gekümmert. Unbeirrt pflanzte er weiter.

Die Jahre vergingen, und ein Wald wuchs auf in einer Länge von elf und in einer Breite von drei Kilometern. Als Andere den Wald entdeckten, schrieben sie sein Entstehen einer Laune der Natur zu. So kam es, dass niemand das Werk dieses Hirten störte. Später gab es eine Autoverbindung durch diese Gegend, Wasserkanäle wurden angelegt und Bauernhäuser gebaut, schreibt Giono und erklärt dann:

„Wenn man sich vergegenwärtigt, dass dies alles von den Händen und dem Herzen dieses Mannes herrührte, ohne alle technischen Hilfsmittel, dann geht einem auf, dass die Menschen auch auf anderen Gebieten so schöpferisch sein könnten …"[40]

---

40  Jean Giono, Der Mann mit den Bäumen, Theologischer Verlag Zürich 1981, S. 17

Das Tun dieses Hirten verbreitete Frieden um sich, heißt es. Nie habe er diesen Mann gebeugt oder zweifelnd gesehen, obwohl auch Rückschläge und Widerstände zu überwinden waren. Die aber brachten ihn nicht aus seinem Konzept. Er hatte seinen Weg zum Glück gefunden und durch sein Tun viele Menschen glücklich gemacht.

Was aber gehört dazu, um dahinzukommen und dieses Ergebnis zu erreichen?

Es braucht Beständigkeit, Eifer und Selbstlosigkeit. Es braucht, so der Schriftsteller, „Seelengröße". Dieser Bäume pflanzende Mann glich im Grunde selbst einem Baum, der „an Wasserbächen gepflanzt seine Frucht bringt zu seiner Zeit, dessen Blätter nicht verwelken und dem alles, was er macht, wohl gerät".[41]

„Wenn ich bedenke, sagt Giono, dass ein einziger Mann mit seinen beschränkten physischen und moralischen Kräften genügt hat, um aus der Wüste dieses „Gelobte Land" erstehen zu lassen, dann finde ich, dass trotz allem das Leben des Menschen wunderbar ist."[42]

Wir werden auf dieser Erde niemals das Paradies erschaffen. Aber Selbstlosigkeit, Treue und Liebe zur Natur sind die unsichtbaren Zeichen der kommenden Welt, ihre fruchtbringende Saat.

---

41  Psalm 1,3
42  Jean Giono, a.a.O. S. 31

## DANK AN:

Otto Beckmann, Maler, Zeichner und Grafiker – Ulrich Mack, Fotograf und Dr. Holger Rüdel, Stadtmuseum Schleswig – Martin Mayer, Bildhauer, Grafiker und Zeichner, für die Fotos auf den Seiten 20/21, 27 und 53.
Alle anderen Abbildungen sind vom Autor.

## ABBILDUNGSNACHWEIS

Der Autor

Dietrich Heyde, Jahrgang 1943, wuchs in Bremen auf und studierte Theologie und Germanistik in Göttingen und Tübingen. Vikariat in Bremen und Jerusalem. Anschließend Pastor in Bremen und Vorsitzender der Bremischen Gesellschaft für christlich-jüdische Zusammenarbeit.
Sieben Jahre war er Halligpastor im nordfriesischen Wattenmeer, danach bis zu seinem Ruhestand Propst im Kirchenkreis Schleswig. Als Vorsitzender der Nordelbischen Bibelgesellschaften hat er das Nordelbische Bibelzentrum gegründet und sich im jüdisch-christlichen Dialog engagiert.
Einer breiteren Öffentlichkeit ist er durch Vorträge, Rundfunksendungen und Publikationen über die Welt der Hallig bekannt geworden.

- **Leben zwischen Ebbe und Flut**
- **Zwiesprache mit einer Landschaft**
- **Geschichten aus der Welt der Hallig**

*Der Autor der Halliggeschichten „philosophiert über das Leben…, er öffnet alle Sinne für die spirituelle Kraft der Landschaft".*

*„Heyde gelingt es, dem Watt und den Halligen eine Bedeutung zuzuschreiben, die weit über das bisher Gewusste hinausgeht."*

Eine Handvoll Erde im Meer
Dietrich Heyde

ISBN 978-3-529-05353-5

In siebenundzwanzig Kapiteln erzählt Dietrich Heyde von Ereignissen, menschlichen Erfahrungen und spirituellen Entdeckungen aus der Welt der Hallig. Seine Geschichten – mit Fotos eindrücklich illustriert – sind eine umfassende Liebeserklärung an die ungewöhnliche Natur- und Kulturlandschaft im nordfriesischen Wattenmeer und an ihre Menschen.